图话电商、合作社那些事儿

马冬君　主编

中国农业出版社

图书在版编目（CIP）数据

图话电商、合作社那些事儿 / 马冬君主编.—北京：
中国农业出版社，2018.3（2018.11重印）
　ISBN 978-7-109-23985-2

　Ⅰ．①图…　Ⅱ．①马…　Ⅲ．①电子商务 - 基本知识②
农业合作社 - 基本知识 - 中国　Ⅳ.①F713.36
②F321.42

　中国版本图书馆CIP数据核字（2018）第048968号

中国农业出版社出版
（北京市朝阳区麦子店街18号楼）
（邮政编码 100125）
责任编辑　闫保荣
————————————
北京通州皇家印刷厂印刷　　新华书店北京发行所发行
2018年3月第1版　　2018年11月北京第4次印刷
————————————
开本：880mm×1230mm　1/32　印张：5.375
字数：100千字
定价：22.00元
（凡本版图书出现印刷、装订错误，请向出版社发行部调换）

编 委 会

编者的话

在现今的生活中，电子商务已经成为人们生活中必不可少的一部分，大家都把电子商务作为重要的购物渠道，越来越多的农民也想成为"电商"，实现他们的致富梦。随着农业"互联网＋"在我国的大规模推进，农业电商必将成为下一个淘金地。希望此书的出版，能够对广大农民朋友了解农业电商、通过电商实现增收致富有所帮助。

农民专业合作社作为重要的新型农业经营主体，在推动农业转型升级、带动农户进入市场、促进农民增收致富中发挥了重要作用。那么，加入合作社真的靠谱吗？会不会有风险？今天，我们就农民关心的问题，来详细说说合作社里的那些事儿，帮助大家正确认识合作社，掌握入社的"门道儿"。

目　录 CONTENTS

编者的话

图话电商那些事儿

图话合作社那些事儿

图话 电商那些事儿

第一章 啥是电商

电商即电子商务，就是使用电子工具，在买卖双方不见面的情况下，进行各种简单、快捷、低成本的商务活动（注：本书中的电商主要指以互联网为销售平台的电子商务）。

电商的交易平台

电子商务平台虽然很多，但是从经营模式上面来分主要有三个模式，各个模式都有其比较著名的平台。

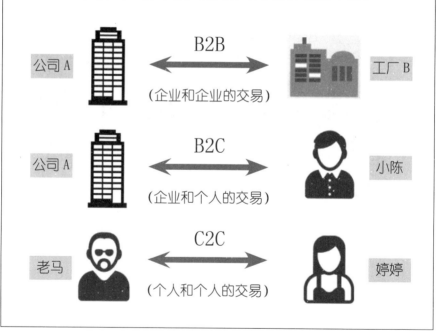

公司 A　　B2B　　工厂 B
（企业和企业的交易）

公司 A　　B2C　　小陈
（企业和个人的交易）

老马　　C2C　　婷婷
（个人和个人的交易）

B2B：企业对企业的电子商务平台

企业与供应商直接在网上做买卖，可以减少中间环节，省时省力，降低成本，目前常用的B2B 平台有阿里巴巴、世界工厂等。

B2C：零售商用的交易平台

网上零售模式，厂商可以通过购物网站与顾客直接交流，没有地域国界的限制，顾客足不出户，就能货比三家，非常方便快捷。

C2C：用户对用户的交易平台

一个人既可以是买家也可以是卖家，个人对个人。卖方通过在线交易平台拍卖自己的商品，买方可以自行选择商品进行竞价。

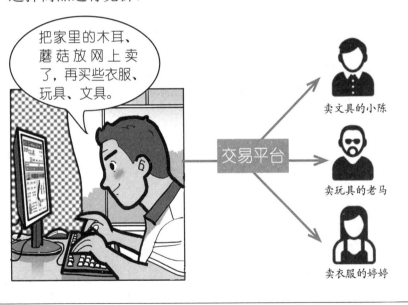

电商的优势 1

低成本，低风险，与传统的店铺相比，网上开店不用租赁门面，不用交水电费，而且按需进货，减少了人力、物力投入，不用担心货物积压。

电商的优势 2

突破了时间、空间和地域的限制，交易可以在任何时间，任何地点进行。

电商的优势 3

减少了中间环节，使得生产者和消费者能直接交易。

一样的衣服，我这件100块钱买的，你那件怎么才70块钱？

服装店进货再加价卖给你，中间倒了好几手了。我这是厂家在网上卖的，当然便宜了。

电商的劣势 1

网上的商品图片和实物有时会存在差别，得不到商品的全部信息，尤其是直观印象。

电商的劣势 2

出现纠纷和投诉时，涉及的法律法规尚在逐步完善中。

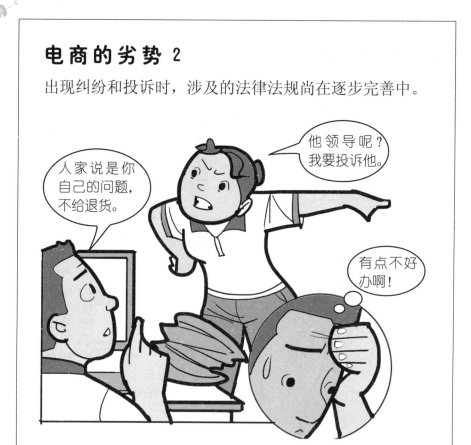

第二章 农民也能当电商

农业电商咋回事？

农业电子商务就是"互联网＋农业"的落地，是电子商务在农业领域的应用。

村庄里的电子商务

以淘宝为主要交易平台，全村一起做电商，并且有一定规模和市场影响的村子被称为"淘宝村"，年营业额少则数千万，多则几十亿。

浙江的坚果炒货村
福建的木雕村、茶叶村
山东的土布村、草编村
江苏的花卉村
......

农村淘宝

农村淘宝是阿里巴巴集团与各地政府合作搭建的县村两级电商服务网络。

农村淘宝服务站

农村淘宝服务站设立在村子里，由农村淘宝合伙人负责经营。村里有了服务站，过去不会网购的村民也能轻松上网淘好货了。

农民做电商的优势

真正原产地商品，结合店铺经营多展示农户生产、生活面貌，更容易让人信任商品的安全性和质量。

农民做电商的劣势

农村电商大多以农户家庭为单位，往往操作不熟练，遇到问题得不到及时解决，在学习和经营电商过程中容易遇难而退。

农业电商的经营范围

农业电商多以当地特产、优势资源为主，米、面、菜、禽、肉、蛋、山货等都可以卖。

农产品销售的类目分布

从具体类目来看，零食、坚果、特产是最大农产品类目，在阿里零售平台上占比达 30%。

不是所有农产品都适合电商

做农业电商要考虑运输成本、产品保鲜等因素，不是所有农产品都适合电商。加工肉类、食用油、干货好运输，不怕坏，适合电商销售，利润又高。

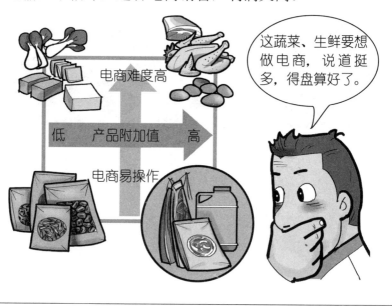

用好电商展示功能

电商平台不仅是产品销售的一种渠道，即使没有盈利，也起到了一个对外窗口的作用，实现线上宣传，线下订购。

农业电商未来走向

随着80、90后消费人群的成长，农产品的电商消费逐渐从办公室走向客厅，走进厨房，占领冰箱，接下来更多的基础型农产品将逐渐成为主流消费。

第三章 网上咋开店

要想卖，先会买

想在网上卖东西，得先学会买东西，到农村淘宝服务站和"合伙人"一起选购生活用品，顺便熟悉买东西的流程和操作，以后自己开店就容易了。

需要具备的条件

要想成为电商很容易，一台接入互联网的电脑，一部智能手机，一部相机，还得有张银行卡，齐了就可以开店赚钱。

找到合适的交易平台

学习在网上卖东西可以先从免费的淘宝店铺开始，逐渐熟悉了流程，赚到钱了，再试试到天猫、京东开店。相当于开始在农贸市场，后来到商场超市。

注册店铺账号

如果想在现有的电子商务平台上开店，只要到该平台注册一个账号，开通就可以了。

淘宝开店——注册淘宝、支付宝账号

以淘宝为例：在注册淘宝账户的同时要同步创建一个支付宝账户。

淘宝账户用于展示推销产品，买卖双方达成交易。

支付宝账户用于网上交易的付款、退款，除了淘宝网，还有很多支持支付宝付款的网络销售平台。

淘宝开店——账号名就相当于店铺的字号

① 设置登录名　② 填写账户信息　③ 设置支付方式　✓ 注册成功

在设置会员名时一定要想好了再填写，一旦设置成功将无法修改。

我卖自家的山货，就叫"木耳张大哥"吧，一听就明白，还好记。

淘宝开店——给店铺起个好名字

有特点的好名字让人过目不忘；能体现经营品种的名字，让顾客需要买相关物品时，很容易想起或搜索到这家店铺。

淘宝开店——支付宝实名认证

在淘宝申请开店是免费的，但1个身份证只能开一家店。支付宝要求实名认证，要拍摄身份证正反面，还有申请人持身份证照片，一并上传至网上，等待淘宝验证。

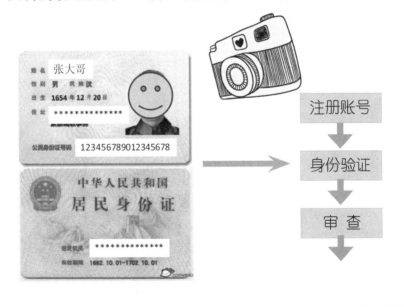

淘宝开店——认证电话号码要一致

支付宝要求实名认证，要用到银行卡，在填写电话号码时，要和银行卡留下的手机号码一致。

淘宝开店—— 审核通过

身份验证

↓

审　查

↓

待审核通过后，店铺开张，就可以铺货卖产品了，你也就成了电商了。

开网店需要几个人？

起步阶段一个人全身心地投入就可以做，一个人来做从售前到售后的事。随着顾客越来越多，销量的增长，可以演变到夫妻店或者聘请专人分工打理。

新开店铺基础要打牢

一般前 3 个月是适应网上开店和聚集人气的时候，在线时间越长越好，还要尽快掌握交易平台规则，多积累一些客户，并与他们交朋友。

有问速答很重要

买家是随时随地都会在线上咨询商品的，有专人值守，接受买家随时的咨询，可以促成下单。

成熟店铺巧用移动互联工具

店铺进入正轨后，可以用手机上淘宝、微信等软件，实时与买家对话、还可以进行修改商品信息、更新交易状态、支付付款等操作。

迎难而上天地宽

如果能坚持住,随着信用值和成交量提高,回头客增多,物流和包装等各项成本便会随之降低,形成良性循环,利润就提高了。

第四章 轻松入门不求人

发布店铺商品 1

商品发布时要把产品特色与文化等信息，用咱农民质朴的语言，图文并茂地展示出来。

这商品介绍还真详细，想知道的全都有了，靠谱，买着放心！

发布店铺商品 2

及时更新商品信息，相关认证证明等材料、价格、规格
等都要标注清楚，保证信息准确无误。

发布店铺商品 3

宣传好商品特色，做好同类商品的情况优劣、定价分析，并图文并茂地详细说明。再配上好的食用方法，便于消费者选择购买。

淘宝装修经验 1

网店的店铺设计可繁琐，可简单。对于开农业网店的店主来说，可以把店铺设计得乡土气息浓厚一些，图片清晰直观，不要太复杂。

淘宝装修经验 2

最好把各个生产环节都拍照放上去，使店铺商品真实度、可信度更高。千万别图省事去网上下载图，一个图片就可能会让顾客觉得没信誉。

商品寄出后如何回款

买家下单后把钱打到电商支付平台，卖家收到买家付款提示后发货，等买家确认收货后，支付平台才把钱转到卖家账上。

提高网络安全意识

时刻注意防范网络诈骗、木马程序等网上违法行为，以免造成不必要损失。

怎样处理交易纠纷 1

买家收到货后对商品存在疑义的，通常以交易前双方就商品退换货、退款等方面的约定事项为判定条件，按交易平台设定的流程进行操作解决，完成交易。

如果运输途中发霉了怎么办呢？难道还寄回去吗？

如果收到货发现发霉，您可以拍张照片发给我，不用寄回来，我直接给您办理退款。

好，那我就放心了。

申请退款

怎样处理交易纠纷 2

可以买卖双方协商解决，也可以申请交易平台客服介入，划分双方责任，最终判定处理结果，为避免纠纷，买家卖家都要熟知交易平台的规则。

请他来评理

第五章 干出名堂有讲究

不能以次充好

顾客从网上购买农产品时看不到货物，但是商家绝不能以次充好，欺骗顾客。网上卖家多、竞争激烈，信誉非常重要。

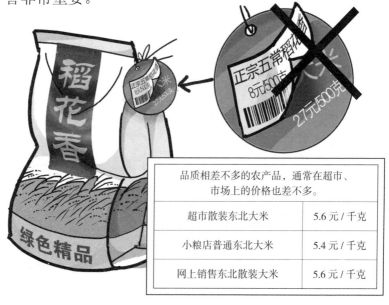

品质相差不多的农产品，通常在超市、市场上的价格也差不多。	
超市散装东北大米	5.6 元 / 千克
小粮店普通东北大米	5.4 元 / 千克
网上销售东北散装大米	5.6 元 / 千克

包装要根据产品巧设计

在包装盒的材质，样式，商标设计，礼盒样式等方面多下点功夫。纸盒、竹篮、塑料盒、布袋等都可以包装农产品。

产品包装规格多样化

普通包装：小夫妻两人生活，不经常在家做饭，普通包装就可以。

家庭装：祖孙三代大家庭，材料消耗快，爱买大包装。

"普通装"
小袋木耳

"家庭装"
大袋木耳

需求不一样，包装有变化

当零食，
分装成小袋最方便。

办年货，
包装喜庆受欢迎。

送朋友，
精巧漂亮拿得出手。

绿色食品价格高

绿色食品是需要认证的。销售绿色食品，要提供检验检疫报告，增加信任度。

绿色食品架豆 张家村蔬菜合作社		
计价单位	总量	售价
53.6 元 / 千克	0.262 千克	14.04 元

有机食品高身价

有机食品也需要认证，认证通过后才能使用有机食品的标志，不能因为有机食品卖得贵，就用普通食品冒充。

有机食品菜心 ABC 有机农场		
计价单位	总量	售价
103.6 元 / 千克	0.284 千克	29.42 元

有机食品的消费者大都是追求食品健康安全，或者追求环保生活方式的人，还有孕产妇婴幼儿等特殊群体。

网上客服周到耐心

网上购物，要多用敬语，不管买家买不买，都要耐心地讲解。往往一个贴心的服务，就会促成一单生意。

 亲，这是秋耳，品质更好。

是吗，那木耳都能做什么菜呢？我不太会做饭。

 我发您几个菜谱看看，很简单。

好呀。离得这么远，快递会不会压碎了呀？

 不会的，外面的纸盒很结实，还没有顾客反映压碎的。

嗯，那我可以先买点试试。

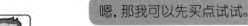

 亲，放心下单吧。

提高客服专业素质

做到对店铺所售的商品非常熟悉，能够回答与产品相关的专业性很强的问题，这样才能让顾客对你信任。

发货及时很重要

如果店主没有及时发货，会给买家留下不好的印象，对培养回头客产生非常不利的影响，因此要格外重视发货的问题。

售后跟踪建立长期客户群 1

在货物发出后，要通知买家，在买家收到货物后，询问买家是否满意。要把每一个顾客都当成长期客户来看，不管他下一次来不来买东西。

亲，您买的木耳今天发货了。

亲，收到货了吗？最近雨水多，我多加了一层塑封袋，木耳没有受潮吧？

收到了，没受潮。

有什么意见可以随时告诉我。

售后跟踪建立长期客户群 2

让买家感受到热情和周到的服务。顾客得到了贴心的服务和质量好的商品，很可能会给你介绍新的顾客。

木耳小炒肉，漂亮吧，超级好吃。东北木耳真好，黑亮肉厚，卖木耳的张大哥也很贴心，还给我发了个木耳的养生菜谱。

统一回复，淘宝买的木耳，有要买的，找我要联系方式，他家还卖松子蘑菇什么的。

售后跟踪建立长期客户群 3

对特别重视品质及便利性的高端顾客，可以提供私人订制的方式。特别是像米、面、油、肉类、禽类、蛋类等食品，与顾客建立信任后，可以提供便利的长期订购服务。

长期订货单

顾客：刘女士

家庭人口：4个成年人，1个小学生

订购产品：林场散养有机土鸡、土鸡蛋

购买套餐：1999元套餐，分××次发货

发货周期：每周发货一次

发货内容：每次土鸡1只、土鸡蛋30枚

备注：可赠送自产时令特产

产地监控增信任

条件允许的情况下，可以在种植或者养殖基地安装摄像头，让买家可以通过视频，看到产品生产和生长的全过程，做到让顾客放心。

评价系统是什么？

买卖双方完成交易后均有权对交易过程进行一次评价，这个评价叫信用评价。以卖家信用值、综合评价、评分等指标区分卖家店铺的综合交易表现。

顾客评价：
好吃又好看的木耳，分量足，包装很严密。店家人也很好。绝对好评！

评价系统有什么用？

店铺的信用评价是考评商家交易诚信情况的一个重要指标，直接影响卖家的成交量，买家往往愿意在店铺交易量大、信用相对较高、好评较多的店铺购买商品。

低

高

买家往往愿意在店铺交易量大、信用相对较高、好评较多的店铺购物。

第六章 发货与营销

定制专门的运输包装

要使用适合自己商品发货用的包装，比如可以用纸盒、纸筒、气泡膜等，避免商品在物流过程中破损，确保完整地到达买家手中，从而降低了交易风险。

选择物流公司

选择价格低、速度快、网点全的快递公司，至少谈两家备选。

计算运费

在目前的快递行业中，通常起价是 1 千克，1 千克以下都按照 1 千克计算，超过部分另算费用。

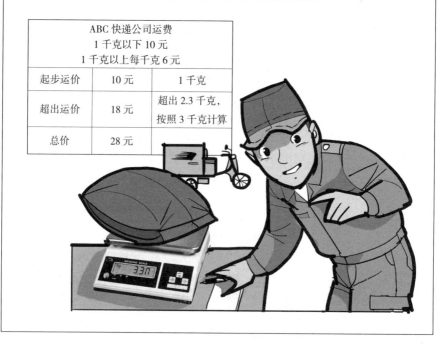

ABC 快递公司运费 1 千克以下 10 元 1 千克以上每千克 6 元		
起步运价	10 元	1 千克
超出运价	18 元	超出 2.3 千克，按照 3 千克计算
总价	28 元	

偏远地区，邮局网点全

目前很多家快递公司已经普及到了乡村，但是快递费用相对高一些。如果发货数量较多，且都是小件货物，可以选择邮政小包业务。

大件货物，物流货运站更合适

较重的农产品送到配货公司发货比较划算。

淘宝店铺推广花样多

把产品信息用 QQ、微信等通讯工具分享给亲戚朋友，通过熟人网络口口相传，还可以通过建立买家群，在贴吧、论坛发布广告软文等多种形式进行网络推广。

巧送赠品，一举双得

在促销活动中，要保证货物的质量和赠品的质量不降低，在客户享受商品的同时，还能把赠品作为下次购买的商品销售出去，这才是促销的目的。

利用电商平台活动搞促销，事半功倍

由于我们的商品是自产自销，成本低，可以结合网络的年节大促销，搞点试用、试吃活动。小剂量，多份额，体验的人数多，成交的几率也就大了。

俗语 合作社那些事儿

热烈庆祝合作社成立

第一章 合作社是个啥

抱团好干活儿

成立农民专业合作社，一起种植、养殖、销售，对接大市场。

地还是我的吗？

合作社是个什么组织?

农民合作社是在农村家庭承包经营基础上，同类农产品的生产经营者或者同类农业生产经营服务的提供者、利用者，自愿联合、民主管理的互助性经济组织。

固定资产投资量化到每个社员账户，形成合作社的固定资产。

赚了钱咋分？

合作社的利润，留一部分用于来年的正常运营，剩下的都分给社员。

合理分红

《合作社收入分配决算公示》 年度可分配利润 500 万				
姓名	股本	分红明细		年度分红总计
		公积金	现金	
张老三	5 股	2000	3000	5000
李老四	3 股	1200	1800	3000
刘大婶	6 股	2400	3600	6000
……	……	……	……	……

土地入股拿分红

把田交给合作社，今年没干活，收入反倒比以前自己种还高。

用家里闲置的30亩（1亩＝1/15公顷）土地入社，外出打工。

按照交易额分红

> 我地种得好，通过合作社卖的粮食多，交易额高贡献大，钱分的当然就多了。

股金分红后，按照通过合作社达成的交易量进行二次分配，多劳多得。

合作社是互助组织，社员各有贡献，是实力的互相补充，没有人占咱农民的便宜。

没有猫腻——正规管理

合作社聘请专业会计、出纳，有正规财务管理。而且，账目公开，入社的社员可以查账。

没有猫腻——账目公开

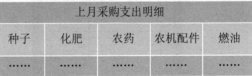

《合作社财务状况公示表》				
上月采购支出明细				
种子	化肥	农药	农机配件	燃油
……	……	……	……	……

财务规范、公开、透明，资金安排使用不做假。

没有猫腻——交易量公示

奶牛合作社 每日收奶量公示表				
	1号牛	2号牛	3号牛	4号牛
3月1日	22千克	25千克	20千克	19千克
3月2日	21千克	24千克	19千克	……
3月3日	21千克	25千克	20千克	……
……	……	……	……	……

奶牛合作社将每日收奶量公示出来，各家各户的奶牛每天出多少奶清清楚楚，大家都放心。

第二章　办合作社好处多

规范化、组织化程度高的合作社易实现规模化、专业化生产，经济效益会更好，社员们都将过上与城里人一样的好生活。

合作社能干一家一户干不了、干不好、不划算的事。

卖好价钱

合作社经营，有利于更新技术装备，提高生产效率和谈判能力。在销售市场更有竞争力，不怕经纪人欺行霸市。

通过规范化生产种植和科学地管理可大幅提高产品品质，产品价格随之上涨，更有赚头。

合作社种类多

专业生产型合作社
　　大豆种植合作社
　　玉米种植合作社

综合服务型合作社
　　购销合作社

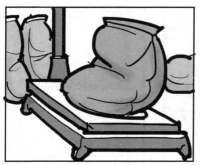

经营型合作社
　　有机农产品合作社

农机合作社

土地交给合作社统一耕种，不用每家每户都花钱购买大农机，青壮年还可以出去打工，增加家庭收入。

产业延伸，可以引进粮食加工设备，将原粮加工成成品粮，利润更大。

蔬菜种植合作社

对接城里连锁超市，蔬菜直接进商场超市，卖菜有保障。

根据市场需求确定种植品种，缺啥种啥，不跟风种植，确保高产不低价。

粮食购销服务社

农资（农药化肥等）的直接批量采购有价格优势。种大粮食作物，农资需求大，通过合作社集中去采购，能从企业或者经销商那里拿到大折扣，又省事又省钱。

养牛合作社

合作社统一选种购买优质种牛，兽医统一防病，更安全可靠。

统一销售，和采购方谈判，再也不怕被压价了。

农家游合作社

全村合作发展乡村游，改造加宣传，让以往的穷乡僻壤变成有山有水的度假胜地。

合作社牵头，把内外环境改造好，服务周到口碑好，吸引更多客人来度假。

第三章
我们也想成立合作社

明确目标，达成共识

我们种的菜，用的农家肥，新鲜又环保，但销售问题始终解决不了，怎么办，大家要共同想办法。

协商订立合作社章程

合作社咋管理，利润咋分配，咱都得在章程上规定好，大家都提提想法。

为了规范合作社活动、保护社员合法权益，每个合作社根据特定程序制定符合法律法规的章程。

超级靠谱的带头人

带头人也就是发起人，是最初自愿承担筹划并提出设立合作社申请的组织者，是合作社发起或设立行为的实施人。

准备材料，依法登记不收费

（一）登记申请书；

（二）全体设立人签名、盖章的设立大会纪要；

（三）全体设立人签名、盖章的章程；

（四）法定代表人、理事的任职文件及身份证明；

（五）出资成员签名、盖章的出资清单；

（六）住所使用证明；

（七）法律、行政法规规定的其他文件。

咱5家以上联合，有场地，有资金，准备好材料就能去登记注册了。

谁来管理合作社？

　　由合作社成员大会选举大家信任的人做理事长，入社的社员都可以竞选理事长。

理事长是咱的领导吗？

理事长不是领导。他是咱的大管家，农民的事农民干。

理事长是大家选举产生的合作社法定代表人，确保合作社合法合规经营，负责具体生产经营活动的人。

做重大决定要听取社员意见

　　合作社的事，也不是理事长一个人说了算，他管指道，咱大伙儿一起做决定。

理事是管啥的？

合作社可以设立理事会，理事会成员协助理事长做采购、讲技术、跑销售、跑项目，进行合作社的管理工作，也就是合作社的办事员。

罢免不合格的理事长

不合格的理事长、理事，咱可以投票罢免他。

我们都有表决权

出资人、出地人都有表决权，不按股本大小区分权利。

拿什么入社呢？

动产、不动产、现金等都可以折价入社，我有 10 亩土地，用土地折价入股最简单易行。

我有 5 万块钱，合作社正缺流动资金，可以拿资金入股。

自家的土地上盖了大棚，儿子出去打工无人经营，正好拿来入社，资源共享，不浪费。

家里有台运输车，平日拉零活挣点钱，拿来入社，往城里送菜正合适，可以给社里跑运输，省得天天在家闲着没活。

我注册了一个农产品品牌，运营了几年，已经有忠实顾客了，拿来入社，既可做大品牌，也可增加合作社效益。

第四章　经营水平要提高

合作社成立只是第一步，要想提高效益多赚钱还要靠管理，有组织、有计划、分工协作，让对的人干对的事。

要让入社的人都参与进来，年轻善交际的跑销售，中年有力气又守铺的在家搞生产，发挥每个人的力量，人人增收益。

招聘人才

合作社生产想运营好，仅靠我们一群土生土长的农民远远不够，要招聘专业人才，吸纳有文化的本土年轻人，为我们服务。

聘请专家

聘请专家组，到地头上做培训，手把手地教咱新技术。

有好品种、好技术，才能种出好产品。派人去农科院向专家请教。

参观种子博览会，选适宜的品种，购买脱毒种薯，从源头提高档次。

今年种的土豆品相好，个大又整齐，被一家薯片企业一次性全给收购了。

这个蔬菜种植合作社只有 10 个大棚，产出太小，大客商不愿意和咱合作。

周边几个村子的蔬菜种植户都愿意入社一起干，联合更多农户入社一起生产经营，规模上来了，客户找上门。

采用农超对接的方式，和连锁超市签订长期大订单，做蔬菜供应基地。产量多、质量好，有了稳定的销售渠道，不再担心卖菜难了。

开发销售站点

土鸡养殖合作社

林地散养
土鸡蛋

我们的土鸡、土鸡蛋很好吃，比集中养殖可好多了，但是咋个卖法呢？

去城里社区开发经销站点，增加社区居民的认可度。我们的"溜达鸡"、土鸡蛋好吃又安全，试吃过的人都成了回头客，在社区里非常受欢迎。

上网销售农产品

合作社的榛子、松子、木耳等土特产，很适合开网店销售。

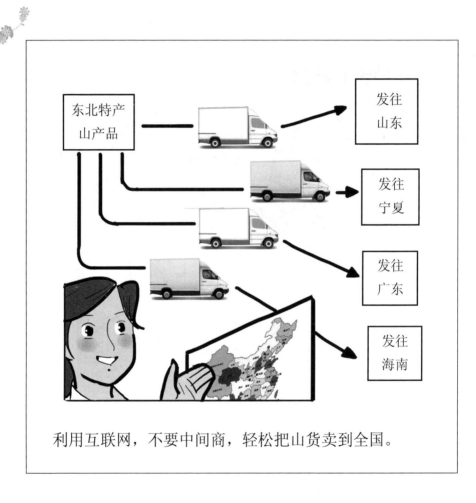

利用互联网，不要中间商，轻松把山货卖到全国。

品牌包装　营销推广

咱是全国闻名的大豆产区，又成立了大豆种植合作社，要种就种好的，专门种植高油、高蛋白的大豆品种。

给合作社的大豆产品注册个商标，好货要卖出好价钱。

参加农产品展销会、博览会，增加媒体的报道机会，让更多的人认识咱的好产品，扩大品牌影响力。

开发绿色食品、特色产品，咱这杂粮也能进精品店。丰富包装类型，满足消费者不同需求。

开创科技合作新模式

啥叫产学研一体化？专家和我们合作社是一家人啦！

与科研单位开创新的合作模式，科技入股，让咱的合作社跨上新台阶。

第五章
原来有这么多扶持政策

水稻合作社遇难题——专项资金来帮忙

咱几家都种水稻，可是怎么谁都不挣钱呢？

咱得改改，成立个合作社，统一种吧。

稻花香　　龙粳　　松粳　　绥粳

水稻种植村的农户各自为政，导致水稻品种多、乱、杂，种植面积零散，效益低，咋解决呢？

水稻合作社遇难题——专项资金来帮忙

水稻种植合作社成立了，但是现有水利设施太落后，这么大的投资，咱合作社自己可解决不了。

水稻合作社遇难题——专项资金来帮忙

合作社成功从县里申请到一笔资金，用于安装灌溉设施，解决了水稻合作社的灌溉问题。

政策倾斜、财政扶持、税收优惠

国家鼓励农业领域提高生产组织化程度。成立合作社，能得到国家的相应政策扶持，如税收减免、资金支持等。

合作社还能申请到奖励资金，可用于扩大生产经营规模或购置设备等。

咱也能申请吗?

不同类型的合作社对口部门有不同的支持政策或办法,只要符合要求都可以申请,但资金用途要专款专用。

来自不同机构的支持

发改委有产业发展类项目；
财政部有农业综合开发项目、产业化经营项目；
科技部有成果转化项目、国家推广计划项目；
商务部有市场工程试点项目、流通项目；
妇联有小额担保财政贴息贷款；
扶贫办有扶贫类项目；
……

冷鲜库

贴息贷款

农业部的项目种类多

农业部有种养类、加工类、流通设施类、基础建设类项目。

科研单位帮助大

农业大学、农科院、职业技术学院等科研院所都能提供技术支持，是我们的技术靠山。

农科院的院县共建项目，科技特派员下乡进行对口支援，新品种新技术展示基地，都能帮我们解决实际问题。

善用扶持政策，谋求更大发展！

如果属于重点扶持的"菜篮子"项目，申请贴息贷款，大棚建设补助，我们就可以扩建大棚规模了。

新大棚建好，咱再申请资金建个冷库，有保鲜储存能力，以后卖菜就更主动了。

生产储存能力都有了，咱可以再开发新销售渠道，为学校、企业食堂、单位等订单生产。还可以开发精品绿色蔬菜，开直营店配送进社区，效益就更好啦。